LA

SOMNAMBULE,

OU

L'ARRIVÉE D'UN NOUVEAU SEIGNEUR,

BALLET-PANTOMIME EN TROIS ACTES,

PAR MM. SCRIBE ET AUMER,

MAÎTRE DES BALLETS DE L'ACADÉMIE ROYALE DE MUSIQUE,

Représenté pour la première fois à Paris, sur le Théâtre de l'Académie Royale de Musique, le 19 Septembre 1827;

Musique composée et arrangée par M. Hérold;

DÉCORS PAR M. CICÉRI,

COSTUMES D'APRÈS LES DESSINS DE M. H. LECOMTE.

DEUXIÈME ÉDITION.

PARIS,
CHEZ BARBA, ÉDITEUR,
COUR DES FONTAINES, N. 7,
ET AU MAGASIN DE PIÈCES DE THÉATRE,
RUE SAINT-HONORÉ, N. 210, ANCIEN LOCAL DE LA CIVETTE.

1828.

PERSONNAGES. ACTEURS.

PERSONNAGES.	ACTEURS.
EDMOND, riche fermier.............	M. FERDINAND.
THÉRÈSE, sa fiancée, jeune orpheline élevée par la mère Michaud.........	Mad. MONTESSU.
LA MÈRE MICHAUD, meûnière, mère adoptive de Thérèse...............	Mad. ÉLIE.
MADAME GERTRUDE, jeune veuve, aubergiste........................	Mlle. LEGALLOIS.
M. DE SAINT-RAMBERT, jeune colonel des Mousquetaires, seigneur du château...........................	M. MONTJOIE.
OLIVIER, trompette de Mousquetaires, domestique de Saint-Rambert.......	Mlle. BROCARD 1re
LE NOTAIRE DE L'ENDROIT...............	M. MÉRANTE.
MARCELINE, servante de l'auberge...	Mad. LAUNER.
SEIGNEURS ET DAMES................	
PAYSANS ET PAYSANNES................	

La Scène se passe en Provence, dans l'île de la Camargue, auprès d'Arles.

AVIS.

POUR CAUSE D'INCENDIE. — Le Magasin de Pièces de Théâtre formé, il y a quarante ans, par BARBA, et établi depuis trente ans au Palais-Royal, galerie derrière le Théâtre Français, est transféré, provisoirement, dans l'ancien local de *la Civette*, rue St.-Honoré, n° 210, en face du café de la Régence.

DIVERTISSEMENT DU PREMIER ACTE.

INTRODUCTION.

MM. Ferdinand, Simon, Montessu.

Mesd. Legallois, Montessu, Fourcisi, Athalie.

CONTREDANSE.

MM. Montessu, Simon, Bournonville.

Mesd. Hullin, Vigneron, Launer, Fourcisi.

PAS DE TROIS.

M. Paul.

Mesd. Legallois, Montessu.

PAS DE SIX.

MM. Barrez, Bournonville.

Mesd. Launer, Brocard première, Hullin, Vigneron.

PAS DE TROIS.

M. Albert.

Mesd. Anatole, Noblet.

FINALE.

Les premiers sujets et le corps de ballet.

Moissonneurs.

MM. Petit, L. Petit, Rivière, Faucher premier, Desplaces, Isambert, l'Enfant deuxième, Olivier, Guiffard, Grosnau, Pequeux, Martin, Goudouin, Cornet, Chatillon deuxième, Kaifer.

Moissonneuses.

Mesd. Nadercor, Beaupré, Campan, Delaquit, Aline deuxième, Seuriot deuxième, Trottin, Croisette, Seuriot première, Perès, Kaniel, Bassompierre, Baudesson, Puëche, Marivin, Ropiquet.

Villageois.

MM. Callaut, Adnet, Carrez, Finard, Sio, Ragaine.

Villageoises.

Mesd. Cava, Maison-Neuve, Proche, Chavigny, Bénard, Caillot.

Seigneurs des environs.

MM. L'Enfant, Banse, Alerme. Gallois, Grenier, Provost.
Mesd. Lecomte, Levasseur, Lecler, Saulnier, Fitzjames, Chauet.

Chefs des Moissonneurs.

MM. Romain, Vincent, Bégrand, Coulon, Lenoir.

LA SOMNAMBULE,

BALLET-PANTOMIME EN TROIS ACTES.

Acte Premier.

(Le théâtre représente un carrefour de village; à droite l'entrée de la ferme d'Edmond; à gauche une auberge avec une enseigne: *Veuve Gertrude, aux Nœuds galans.* Au fond, et formant l'angle avec l'auberge, un commencement de maison sur laquelle on lit: *La mère Michaud, meûnière.* Une échelle est appuyée contre le grenier de la mère Michaud, et au bord du grenier est un sac de blé non encore rentré. A droite un poteau avec deux merlettes; sur l'une est écrit: *Route d'Arles*; sur l'autre, *route de Tarascon.* A gauche un autre poteau sur lequel on lit: *Route du château.*)

SCÈNE Ire.

EDMOND, THÉRÈSE, LA MÈRE MICHAUD, VEUVE GERTRUDE, MARCELINE; PAYSANS, PAYSANNES.

Au lever de la toile, tableau villageois.

C'est le jour de la coupe des foins. On est au milieu du jour, au moment du repos et du dîner des ouvriers. Plusieurs, assis sur le gazon, mangent ou se reposent. De jeunes garçons et de jeunes filles se livrent à la danse. Edmond donne des ordres à ses gens, et indique les foins qu'il faudra rentrer.

De temps en temps il revient auprès de Thérèse et de la mère Michaud. Il regarde l'une avec amour, l'autre avec reconnaissance. Thérèse se mêle aux danses des jeunes filles; mais elle regarde toujours Edmond, et c'est toujours avec lui qu'elle revient danser. Dans leur franche gaîté, ils peignent leur amour mutuel et leur bonheur.

A cet instant, madame Gertrude, qui sort de chez elle, ne peut cacher son dépit en les apercevant. Elle les fait remarquer à la mère Michaud, qui lui répond : « Le contrat se signe aujourd'hui, ils seront mariés demain...... Où est le mal ? »

Pendant ce temps, Thérèse et Edmond regardent souvent et avec impatience du côté du château, et comme s'ils attendaient quelqu'un. Enfin, apercevant le notaire, ils courent à lui. La danse est suspendue.

SCÈNE II.

Edmond et Thérèse reprochent au notaire son peu d'empressement. Il se justifie en disant qu'il a été retenu au château où l'on attend le nouveau seigneur, un charmant jeune homme, un beau militaire; mais il ne viendra pas aujourd'hui, à ce qu'il paraît. Apercevant madame Gertrude, il la salue et lui fait compliment sur sa jolie figure, sur ses grâces. Madame Gertrude, qui a des prétentions à la main du notaire, répond à tous les hommages qu'il lui adresse par des révérences affectueuses.

Edmond, impatient de signer son contrat, fait

préparer une petite table, tandis que Thérèse prend avec malice le notaire par le bras, l'entraîne vers la chaise et le fait asseoir. Madame Gertrude, piquée contre Thérèse, veut se retirer ; mais Edmond la retient pour signer au contrat. On se place, Edmond d'un côté, et la mère Michau et Thérèse de l'autre. Tous les villageois se grouppent autour d'eux.

Le notaire demande à Edmond : « Qu'apportez-vous en mariage? — Ma ferme, mes champs, mes prés, tout ce que je possède, je le donne à Thérèse! — Et vous, Thérèse ? — Je n'ai rien que mon cœur. Depuis long-temps il est à Edmond et à ma bonne mère qui m'a élevée et à qui je dois tout.» Edmond et Thérèse signent avec joie. On présente la plume à la mère Michaud qui ne sait faire que sa croix : « Peu importe, dit le notaire, c'est valable. » Edmond présente la plume à la veuve Gertrude, qui la reçoit avec dépit. « Ingrat, après l'amour que j'avais pour vous, devais-je signer au contrat d'un autre? » Elle va pour jeter la plume; mais, s'apercevant que tous les regards sont fixés sur elle, surtout ceux du notaire, elle signe en faisant à Thérèse de grandes protestations d'amitié. « Mes amis, dit Edmond, retournons à l'ouvrage, mais ce soir, ici, à la veillée, nous nous réunirons tous, et puis demain, le grand jour ; demain, le mariage; tout le village est invité...... »

Tout le monde sort.

SCÈNE III.

EDMOND, THÉRÈSE.

Ils vont aussi pour sortir, mais lentement; et s'apercevant qu'ils sont seuls, ils reviennent vivement au bord du théâtre, et se témoignent leur joie, leur ivresse. « Tu es donc à moi, rien ne peut nous séparer! » Dans un pas de deux en action, Edmond met au doigt de Thérèse son anneau de fiancée, puis lui donne un bouquet; il demande un baiser que Thérèse lui refuse, en disant: « A demain. » Edmond en éprouve du chagrin. Thérèse porte alors à ses lèvres le bouquet qu'il vient de lui donner, et le cache dans son sein. Edmond veut s'élancer vers elle, mais Thérèse lui fait signe de retourner à l'ouvrage; Edmond obéit et se dirige du côté de la porte de la mère Michaud. Il va pour monter à l'échelle qui est au fond; Thérèse fait un geste d'effroi et a peur qu'il ne se fasse mal; Edmond redescend, ôte l'échelle, et l'appuie contre une des fenêtres de l'auberge. Puis, avant de quitter Thérèse, il sollicite encore un baiser qu'elle finit par accorder.

SCÈNE IV.

LES PRÉCÉDENS, MADAME GERTRUDE.

Elle témoigne sa jalousie et son indignation. « Quoi, mademoiselle, vous conduire ainsi avec quelqu'un qui n'est encore que votre fiancé? » Dispute entre les deux femmes. Edmond cherche à les réconcilier. « Pourquoi, dit-il à Gertrude, nous en voulez-vous? Parce que je ne suis pas votre mari, faut-il que nous soyons ennemis? Vivons tous trois en bonne intelligence et en bons amis. Allons, mesdames, donnez-vous la main. » Edmond, tout en dansant, cherche à les réunir, mais elles s'échappent l'une après l'autre. Enfin Thérèse se laisse désarmer, et tend la main à sa rivale, qui, de son côté, promet de se venger à la première occasion. Edmond, entre elles deux, finit par les forcer toutes deux à s'embrasser, puis après il les embrasse l'une après l'autre. En ce moment paraît Saint-Rambert.

SCÈNE V.

LES PRÉCÉDENS, SAINT-RAMBERT, OLIVIER, *en uniforme de trompette de Mousquetaires.*

« Bravo, mon camarade, dit Saint-Rambert à Edmond, ne vous dérangez pas. Voilà un gaillard bien heureux.

Edmond est étonné de la familiarité de l'étranger. « Que demande monsieur? — Le chemin du château. » Edmond lui montrant le poteau à gauche: « Par ici. — Y a-t-il bien loin? — Deux lieues

— Je n'irai jamais jusque là; je n'en peux plus de fatigue. »

—« Monsieur, dit Edmond, je serai trop heureux de vous offrir l'hospitalité, quoique j'aie beaucoup de monde, car c'est demain que je me marie. — Quoi! celle-ci est votre femme? — Oui, monsieur. — Et celle-là? » (en montrant madame Gertrude.) Gertrude fait éclater son dépit, tandis que Saint-Rambert dit à Edmond : « Je ne veux pas vous déranger; voici une auberge, je m'y arrêterai. — C'est bien de l'honneur pour moi, » répond sèchement madame Gertrude. Olivier prend son maître à part, et lui fait observer qu'on l'attendra au château. « Peu m'importe, j'irai demain. Je suis fatigué, j'ai besoin de me reposer. D'ailleurs il y a de jolies femmes, je reste. — Mais, monsieur, dit Olivier, on sera inquiet. — Eh! bien, tu iras les prévenir. — Si encore je m'étais rafraîchi! — N'est-ce que cela? dit Edmond, entre à la ferme; on y aime les braves, on te donnera du vin. » Olivier accepte, et se promet, en regardant la servante de l'auberge, de lui conter fleurette. Marceline, qui a déjà fort bien accueilli les œillades et les complimens d'Olivier, témoigne de la joie de le voir rester. Il voudrait entrer à l'auberge, mais son maître lui fait observer que c'est à la ferme qu'il est invité. Olivier, en portant le revers de la main à son bonnet, semble lui dire : « Suffit, mon colonel. » Saint-Rambert lui fait signe de garder le silence, et de ne pas le faire connaître.

SCÈNE VI.

LES PRÉCÉDENS, LA MÈRE MICHAUD, LE NOTAIRE. TOUT LE VILLAGE.

Le soir est arrivé et commence la veillée. La mère Michaud et les vieilles femmes du village forment un cercle à gauche et filent... A droite, les vieillards près d'une table boivent ou jouent à différens jeux.

Olivier, après avoir fait plusieurs espiégleries aux vieilles femmes, va boire avec les vieillards.

Au milieu du théâtre, les jeunes filles et les jeunes garçons, ainsi qu'Edmond, Thérèse et Gertrude, dansent et jouent à la main chaude, ou au Colin-Maillard.

Saint-Rambert regarde avec plaisir ces différens tableaux, et se mêle à la danse et aux groupes de jeunes filles. Edmond le suit des yeux; et chaque fois qu'il s'approche de Thérèse, il se trouve auprès d'elle et déjoue les intentions de Saint-Rambert. Ballet.

Après le divertissement, la mère Michaud se lève et dit qu'il est temps de se retirer. Gertrude qui craint de gagner du froid et de s'enrhumer, se fait apporter par Marceline un fichu rouge à ramages qu'elle met sur ses épaules. Saint-Rambert, après avoir dit bonsoir à tous les villageois, entre dans l'auberge.

Olivier, à force de boire à toutes les santés, et de lutiner la jolie servante, a oublié la discipline militaire; il est un peu ivre, il marche d'un pas mal assuré, et, croyant suivre son maître, il entre à la ferme. Edmond suit Thérèse qui va pour entrer au moulin; la mère Michaud, qui s'en apperçoit, les sépare et force Edmond à rentrer chez lui, en lui disant : « Non pas aujourd'hui, mais demain... »

Tout le monde s'est retiré, excepté Gertrude et le notaire, qui sont restés les derniers et qui se font de grandes salutations et de grandes révérences.

Edmond qui est entré un instant dans la ferme, en ressort dans ce moment.

SCÈNE VII.

MADAME GERTRUDE, EDMOND, LE NOTAIRE.

« Une grande nouvelle, leur dit Edmond avec mystère. Cet étranger que vous logez chez vous, madame Gertrude, et que vous avez si mal reçu savez-vous qui c'est? — Non. — Le maître du château, le jeune seigneur qu'on attend. — Qui vous l'a dit?—Son domestique, le trompette, qui dans son ivresse vient de tout raconter.— Dieu! s'écrie Gertrude, moi qui l'ai traité si mal. Je vais réparer cela par mes attentions et mes égards. — Et moi, dit le notaire, je vais lui préparer pour ce soir une surprise. — Bonsoir, dit Edmond... A demain... — A demain. »

Edmond regarde en soupirant les fenêtres de Thérèse. Gertrude rentre chez elle, et le notaire sort par le fond, tout occupé de son projet.

Acte Deuxième.

(Le théâtre représente une chambre dans l'auberge de madame Gertrude ; deux portes latérales, croisée au fond. A droite, sur le premier plan, un lit de repos, un fauteuil ; à gauche une table.)

SCÈNE Ire.

SAINT-RAMBERT.

Il examine en souriant la chambre où il est et les meubles qui la décorent ; il s'assied dans le fauteuil ; puis il se lève et il pense à la soirée qu'il vient de passer.... aux charmes des jeunes filles qu'il vient de voir : cette Thérèse si naïve, cette Gertrude si prude et si piquante.

SCÈNE II.

SAINT-RAMBERT, GERTRUDE, MARCELINE.

La servante devance sa maîtresse et porte un chandelier d'auberge qu'elle pose sur la table ; l'hôtesse entre avec deux beaux flambeaux de cuivre doré, et gronde Marceline d'avoir traité M. de Saint Rambert avec si peu d'égards ; elle lui fait signe de remporter son chandelier et de se retirer. Marceline s'avance vers M. de Saint-Rambert pour lui demander s'il n'a besoin de rien ; mais madame Gertrude, en la prenant par le bras, lui dit que c'est elle qui se chargera de servir ce monsieur. Marceline se retire en faisant des révérences et en souhaitant une bonne nuit à M. de Saint-Rambert. Celui-ci, étonné du changement qu'il remarque dans les manières de madame Gertrude, en profite pour lui faire sa déclaration. Gertrude, après l'avoir écouté les yeux baissés, feint de vouloir sortir. Saint-Rambert la retient ; elle se débat si vivement qu'il n'insiste plus. Gertrude, se voyant libre, se retire si lentement qu'il court de nouveau après elle, veut la retenir par son schal ; elle échappe ; le schal reste dans la main de Saint-Rambert qui le jette sur le fauteuil. La scène s'anime, Saint-Rambert se met à ses genoux; Gertrude se trouble. Un léger bruit se fait entendre à la fenêtre. Gertrude effrayée s'enfuit dans le cabinet à droite, et Saint-Rambert, contrarié de ce contretemps, s'approche avec colère de la fenêtre qui s'ouvre tout-à-coup.

SCÈNE III.

SAINT-RAMBERT, THÉRÈSE.

Thérèse paraît. Elle est couverte d'un simple vêtement blanc; ses bras et ses pieds sont nus. On voit à la fenêtre l'extrémité d'une échelle, celle qu'Edmond a placée à la scène III, et qui a servi à Thérèse pour monter. Elle dort; elle est somnambule, et s'avance lentement au milieu du théâtre. Saint-Rambert, stupéfait, ne peut en croire ses yeux. L'orchestre rappelle les différens airs de danse de la scène VI. Thérèse croit encore jouer au Colin-Maillard. Elle craint d'être prise.... Elle évite celui qui la poursuit..... Elle s'enfuit et se serre auprès de Saint-Rambert, que, dans son rêve, elle prend pour Edmond, et à qui elle donne sa main à baiser.

Saint-Rambert, ravi,.... enchanté,.... n'est plus maître de lui-même. Il va à la croisée, en ferme les verroux. Dans ce moment Gertrude entr'ouvre la porte du cabinet. Elle aperçoit le geste de Saint-Rambert. Elle aperçoit également une femme en blanc qu'elle ne peut distinguer encore. Elle fait un geste d'indignation, et rentre vivement dans le cabinet. Saint-Rambert s'approche de Thérèse. Dans ce moment celle-ci se croit au lendemain, au temple, à l'instant de son mariage. Elle croit que le pasteur lui demande si elle aime Edmond. Elle montre son anneau, porte la main sur son cœur, jure à la face du ciel d'aimer toujours son époux, et de lui être toujours fidèle. « Dieu, s'écrie Saint-Rambert ! qu'allais-je faire ? Quel crime j'allais commettre ! Respectons tant de candeur, tant d'innocence. Moi qui ai été si bien accueilli par ces bons villageois ; moi, leur seigneur...... C'est ainsi que je signalerais mon arrivée ? Non, il faut n'écouter que l'honneur, et pour cela, le plus prudent est de partir. » Il va ouvrir la fenêtre du fond.

Un clair de lune superbe....... « Je puis arriver à pied au château..... lestement et gaîment. On va vite quand la conscience est légère. » Pendant ce temps, Thérèse, qui s'est levée du fauteuil, s'approche du canapé...... s'y asseoit, pose sa tête sur son bras et repose...... L'orchestre joue l'air : *Dormez donc, mes chères amours*. Saint-Rambert qui est prêt à partir revient malgré lui... s'arrête, la regarde encore; puis, il s'élance par la croisée et disparaît.

SCÈNE IV.

Dans ce moment la porte à droite s'ouvre doucement. Le notaire, Edmond, plusieurs villageois, et la mère Michaud, entrent mystérieusement en tenant des bouquets. Ils s'approchent du canapé. Surprise générale..... indignation..... fureur d'Edmond.... A ces cris Thérèse s'est éveillée. Sa terreur, son étonnement d'un semblable réveil; elle ne sait où elle est, ni ce qui lui arrive.

La mère Michaud pousse un cri... saisit le schal qui est sur le fauteuil, en enveloppe Thérèse. Pendant ce temps Gertrude est sortie doucement du cabinet. Elle se mêle aux paysans, et son indignation surpasse encore la leur. Thérèse, accablée des railleries de Gertrude, des reproches de la mère Michaud, aperçoit Edmond, court à lui pour implorer son secours.... Il la repousse, ne veut rien entendre, déchire le contrat, et lui déclare que leur mariage est rompu; qu'il ne l'aime plus; qu'il la déteste et qu'il l'abandonne...... Tout le monde sort en désordre; et Thérèse, à moitié mourante, est entraînée par la mère Michaud.

Acte Troisième.

(Le théâtre représente un des paysages les plus agréables du Languedoc ou de la Provence. Au fond du théâtre on aperçoit le moulin, dont le toit assez élevé est recouvert en tuiles ; une rivière fait tourner la roue du moulin, et après serpente au fond dans la prairie. A gauche du théâtre un orchestre préparé pour des musiciens ; autour du théâtre des guirlandes de fleurs, des chiffres entrelacés. Tout est disposé pour les noces d'Edmond et de Thérèse.)

SCÈNE Ire.

De jeunes garçons et de jeunes filles, parés de rubans et de bouquets, traversent le théâtre. Ils vont chercher les gens de la noce. En montrant les fenêtres de la mère Michaud, les jeunes filles semblent dire : « Cette Thérèse est-elle heureuse ! » Elles regardent avec plaisir l'orchestre et les apprêts de la fête, et se promettent de se divertir. Les jeunes gens attachent à la porte de Thérèse des guirlandes de fleurs. La marche reprend ensuite, et l'on entend encore dans le lointain le son du tambourin et du galoubet provençal.

SCÈNE II.

LA MÈRE MICHAUD, THÉRÈSE *sortant du moulin.*

Thérèse paraît dans le plus grand désordre, et

se soutenant à peine. Elle regarde autour d'elle les apprêts de la fête qui rendent encore son malheur plus cruel. Elle pleure, elle se désespère, elle atteste à la mère Michaud qu'elle est innocente, qu'elle n'a rien à se reprocher. « C'est difficile à croire; mais puisque tu me le dis, mon enfant, me voilà persuadée. — Quoi, vous me pardonnez! vous me rendez votre estime! Ah! je ne suis plus qu'à moitié malheureuse. » Et elle se précipite dans les bras de sa mère, qui essuie ses larmes. « Ma chère enfant, ce n'est pas moi qu'il faut convaincre; tiens, c'est celui-là (en montrant Edmond qui paraît), et tu auras de la peine. »

SCÈNE III.

LES PRÉCÉDENS, EDMOND.

Edmond entre triste et rêveur; il n'aperçoit ni Thérèse ni sa mère. Il gémit, il soupire, il tire son mouchoir et se cache la figure. « Ah! dit Thérèse à sa mère, tu vois, il est malheureux; il pleure, il m'aime encore. (Elle court à lui.) Edmond, répondez-moi? » Edmond lève les yeux et la regarde d'un air si terrible, que Thérèse reste immobile d'effroi. « Vous osez encore paraître devant moi...... vous! — Pourquoi ces regards effrayans?... Qu'ai-je donc fait? — Vous osez me le demander! » Il la prend de force par la main, et la conduit à gauche du théâtre. « Rappelez-vous cet appartement..... où vous étiez.... Allez, je vous aimais, je vous adorais... tout ce que je possédais était à vous..... et vous m'avez trahi! Et cet amour, qui était ma joie et mon bonheur, fait aujourd'hui mon malheur et ma honte! Qu'il soit maudit... Et vous aussi! je veux, dès aujourd'hui, vous oublier auprès d'une autre » Thérèse, accablée, se jette à ses genoux. « Ecoutez-moi!.... — Non! » Il la repousse; elle sanglotte; et lui même va se jeter sur le banc à gauche, tournant le dos à Thérèse et appuyant sa tête contre l'arbre. (*On entend une musique vive et joyeuse.*)

SCÈNE IV.

Les Précédens, *au fond du théâtre*, SAINT-RAMBERT, *en grand uniforme*, Seigneurs et Dames du chateau.

Des femmes de chambre apportent une corbeille magnifique.

Saint-Rambert, entouré de villageois, de musiciens, ayant Olivier à leur tête, reçoit les félicitations de tout le village. Saint-Rambert donne des ordres à Olivier, et fait signe aux femmes de chambre de porter chez la mère Michaud la corbeille qu'il destine à Thérèse. Les villageois, con-

Saint-Rambert, apercevant Thérèse, s'approche d'elle; son étonnement est extrême en la voyant toute en larmes, et en voyant Edmond plongé dans une profonde tristesse. Il prie les personnes qui l'accompagnent de le laisser avec les deux amans.

A l'aspect de Saint-Rambert, Edmond réprime avec peine sa fureur et sa jalousie... Il veut s'éloigner. Saint-Rambert l'arrête...... « Qu'avez-vous donc? quelle singulière figure pour des mariés! Est-ce que les querelles de ménage commencent avant la noce? — Ah! monsieur, lui dit Thérèse.... vous savez si je suis coupable, protégez-moi, défendez-moi contre ce jaloux, ce furieux. Il m'a trouvée dans votre chambre. C'est vrai, j'y étais; mais expliquez-moi comment je m'y trouvais, car moi je n'en sais rien. » Saint-Rambert éclate de rire et apprend à Edmond que Thérèse est entrée dans sa chambre par la fenêtre, la nuit.... toute endormie, en état de somnambulisme. « A d'autres, dit Edmond, vous ne me ferez pas accroire cela.... Moi, je ne croirai jamais que l'on marche, que l'on parle endormie... Elle est venue, mais toute éveillée. » Saint-Rambert atteste que c'est la vérité. « C'est inutile, dit Edmond, et si vous n'étiez pas le seigneur du village, je me vengerais de vous.... Mais puisque je n'ai qu'une vengeance qui me soit permise, j'en profiterai : j'en épouserai une autre... aujourd'hui même...

C'est déjà décidé et arrangé avec celle que je préfère. — O ciel ! dit Thérèse toute tremblante. — Oui, je me suis dépêché de l'aimer, je l'aime ; elle me sera fidèle celle-là.... C'est à elle que je donne mon cœur et ma foi. » Et saisissant la main de Thérèse, il lui ôte l'anneau qu'il lui a donné à la scène 3e du 1er acte. Thérèse pousse un cri, regarde sa main dont l'anneau est enlevé, et tombe évanouie dans les bras de la mère Michaud, qui la transporte dans l'intérieur du moulin.

SCÈNE V.

SAINT-RAMBERT, EDMOND.

Saint-Rambert, plongé dans la plus vive douleur, se reproche leur malheur. Il cherche dans sa tête un moyen pour convaincre Edmond. « Vous ne croyez donc pas, lui dit-il, à la parole, à l'honneur d'un militaire ? » Et il porte la main à sa croix d'honneur qu'il semble prendre à témoin. « Laissez-moi, dit Edmond. — Mais au moins différez ce nouveau mariage... Attendez. La vérité se découvrira. — Non, il me tarde de me venger en prenant une nouvelle maîtresse. — Et qui est-elle ? — La plus sage, la plus vertueuse du village. Tenez, la voici. »

SCÈNE VI.

Les Précédens, GERTRUDE *en habit de mariée et en grande parure*, MARCELINE *en costume de fête.*

Reconnaissant l'hôtesse, Saint-Rambert cache avec peine la gaîté que lui inspire ce nouveau choix. Gertrude, les yeux baissés, fait modestement la révérence à Saint-Rambert. Il est sur le point de tout révéler à Edmond. Gertrude, sans que son prétendu la voie, met vivement le doigt sur sa bouche, et Saint-Rambert s'arrête. « Au fait, semble-t-il se dire, ce n'est pas à moi à la trahir.» Et en regardant Edmond : « Les maris sont-ils étonnans! Celui-ci ne veut pas croire à l'innocence de cette pauvre Thérèse; il ne croirait pas à la coquetterie de celle-ci. »

SCÈNE VII.

Les Précédens, toute la Noce.

Olivier, à la tête du cortége, revient en sonnant de la trompette, et accompagne les musiciens qui précèdent les seigneurs et dames du château, les villageois, villageoises, etc. Edmond fait arracher les guirlandes de la porte du moulin, et ordonne de décrocher les chiffres entrelacés de fleurs, et les fait remplacer par d'autres aux lettres de G et de E.

Étonnement général. Joie de Gertrude. Edmond la présente à tout le monde comme sa nouvelle femme. Le notaire déjoué dans ses prétentions sur Gertrude fait la grimace. Edmond prend la main de Gertrude, et fait signe de partir pour se rendre au temple... On prie Olivier de se mettre à la tête des musiciens, mais il refuse tout net, puisque ce n'est plus pour le mariage de la jolie petite Thérèse. Gertrude fait signe qu'on se passera de lui et qu'on peut bien partir sans trompette; on va pour sortir.

SCÈNE VIII.

Les Précédens, la Mère MICHAUD *sortant du moulin.*

« Pauvre enfant! dit-elle en regardant du côté du moulin, elle repose... Elle en a grand besoin! » Elle redescend le théâtre, et dans ce moment se trouve en face d'Edmond et de Gertrude qui vont pour sortir. « Où allez-vous?— Au temple.— Avec qui?—Avec Gertrude.—Avec Edmond. — Quoi! c'est pour elle que vous abandonnez Thérèse?— N'a t-il pas raison, dit Gertrude? une fille qui se conduit ainsi!—Ah! vous l'accusez.. Vous accusez mon enfant. Eh! bien, madame, j'imiterai votre exemple... Et ce fichu (en en tirant un de sa poche)... ce fichu que j'ai trouvé hier sur le lit de repos de monsieur (montrant Saint-Rambert), à qui appartient-il? A Thérèse... Non? à une personne bien plus vertueuse, et cette personne, c'est vous.—O ciel!» Edmond, qui tenait la main de Gertrude, la laisse tomber et reste anéanti. Gertrude est confondue. Saint-Rambert se détourne pour ne pas rire.

« Quoi! dit Edmond furieux, pas une! Voilà un nouveau seigneur qui vient ici pour nous les enlever toutes. — Non, dit Saint-Rambert en lui prenant la main, car je vous atteste de nouveau que Thérèse est innocente. —Et qui me le prouvera?.. —Tenez, lui dit-il, en regardant vers le moulin... Vos propres yeux. »

SCÈNE IX.

LES PRÉCEDENS, THÉRÈSE.

Tout le monde se retourne, et on aperçoit avec effroi Thérèse qui vient de sortir par une des mansardes du moulin; elle marche tout en dormant sur l'extrémité du toit... Au bord de la rivière, au-dessous d'elle, la roue du moulin tourne vivement et menace de la broyer si elle fait un faux pas.... Edmond effrayé veut voler vers elle. Saint-Rambert lui met la main sur la bouche pour retenir le cri d'effroi qui va lui échapper... Il lui donne à entendre que si on l'éveille, elle est perdue, qu'il n'y a point de secours à lui donner, qu'il faut la laisser faire.... Tout le monde reste glacé de terreur, et suit avec effroi les mouvemens de Thérèse.

L'orchestre a cessé; on n'entend qu'un roulement sourd de timballes. Thérèse continue lentement sa marche. Arrivée au milieu du toit, elle s'arrête... se retourne vers le spectateur... On croit qu'elle va changer de direction et poser le pied sur la roue du moulin.... Pendant ce moment de danger, Saint-Rambert et tous les villageois se prosternent et adressent au ciel leur prière. Gertrude elle-même, touchée, attendrie, se sent entraînée par leur exemple; elle tombe aussi à genoux et prie pour sa rivale. A l'extrémité du toit, il y a un mur ruiné et dont les inégalités forment presqu'un escalier... C'est par là que Thérèse descend. Elle se trouve au milieu du théâtre... Elle écoute... Elle croit entendre les cloches pour célébrer le mariage d'Edmond. Elle se met à genoux et prie pour lui.. « Qu'il soit heureux.. Et moi, ah! il n'y a plus de bonheur pour moi et cependant je suis innocente.... (Elle regarde sa main)... Mon anneau... Il n'y est plus... Il me l'a enlevé pour le donner à une autre... Ce qu'il ne m'enlevera point, c'est son souvenir... C'est son image, qui est là gravée dans mon cœur... Et surtout... (Elle regarde autour d'elle.) Personne ne me voit » Elle tire de son sein le bouquet de roses qu'Edmond lui a donné à la scène troisième du premier acte. Il est fané, desséché Elle l'arrose de ses larmes, le couvre de ses baisers... Gertrude, émue de tant d'amour, sent toute haine s'enfuir de son cœur... Elle cède à la pitié, à la générosité... Elle remet à Saint-Rambert la promesse de mariage qu'Edmond lui avait faite, et supplie ce seigneur d'unir Thérèse à Edmond.... Edmond se met aux genoux de Thérèse, remet à son doigt l'anneau qu'il en a tiré. Pendant ce temps, Saint-Rambert fait un signe... On ouvre la corbeille, on en tire un voile blanc... une coiffure de mariée que Gertrude attache sur la tête de Thérèse, qui dort toujours, tandis que Saint-Rambert place à son côté le bouquet de fleurs d'orange. Il a fait un geste.. Les musiciens sont montés à l'orchestre.. Les quadrilles se forment... Edmond prend la main de Thérèse... Saint-Rambert donne le signal, l'orchestre part... A ce bruit soudain, Thérèse s'éveille... stupéfaite, éblouie... Ce luxe qui l'entoure, son amant à ses genoux, ses amis qui se pressent autour d'elle, le bruit des instrumens, les éclats de la joie... tout lui fait croire à un nouveau songe; elle met une main devant ses yeux et de l'autre semble dire : « Ah! ne m'éveillez pas...» Mais ce bonheur n'est point un rêve... Il est véritable. Autour d'elle se succèdent les tableaux les plus vifs et les plus animés. Saint-Rambert unit Thérèse à Edmond et leur remet un contrat de rentes.

Connaissant les prétentions du notaire sur Gertrude, Saint-Rambert le rassure sur l'épisode du schal, et l'honnête tabellion offre sa main à la belle veuve, qui accepte pour obéir à son seigneur.

Olivier obtient aussi la main de la jolie Marceline.

Au fond du théâtre, et par les soins de Saint-Rambert, les tables sont dressées, les broches tournent... A gauche, à la table du repas de noce, se placent Saint-Rambert, Edmond, le notaire, Thérèse, Gertrude, la mère Michaud, les dames du château. Lorsque l'on boit à la santé de Thé rèse, un petit garçon présente la jarretière qu'il a enlevée à la mariée. Thérèse, honteuse, baisse les yeux. Edmond la rassure. Chacun veut avoir un morceau du ruban que l'on se dispute ; et des danses vives et joyeuses terminent cet heureux jour.

FIN.

IMPRIMERIE DE DAVID,
BOULEVART POISSONNIÈRE, N° 6.

www.ingramcontent.com/pod-product-compliance
Lightning Source LLC
LaVergne TN
LVHW012103170726
843501LV00008BB/2745

* 9 7 8 2 3 2 9 6 4 8 7 1 2 *